规范涉企行政执法专项行动政策问答

司法部行政执法协调监督局 编

法律出版社
北京

图书在版编目（CIP）数据

规范涉企行政执法专项行动政策问答 / 司法部行政执法协调监督局编. -- 北京 : 法律出版社, 2025 (2025.12 重印). -- ISBN 978 - 7 - 5244 - 0588 - 7

Ⅰ. D922.294.5

中国国家版本馆 CIP 数据核字第 2025Y77A66 号

规范涉企行政执法专项行动政策问答
GUIFAN SHE QI XINGZHENG ZHIFA ZHUANXIANG XINGDONG ZHENGCE WENDA

司法部行政执法协调监督局　编

策划编辑 沈小英
责任编辑 陈　妮 张思婕 庞玥坤 毛镜澄
装帧设计 李　瞻

出版发行 法律出版社
编辑统筹 法治与经济出版分社
责任校对 郭艳萍　李慧艳
责任印制 吕亚莉
经　　销 新华书店

开本 880 毫米 × 1230 毫米　1/64
印张 1　**字数** 16 千
版本 2025 年 9 月第 1 版
印次 2025 年 12 月第 2 次印刷
印刷 天津嘉恒印务有限公司

地址：北京市丰台区莲花池西里 7 号（100073）
网址：www.lawpress.com.cn
投稿邮箱：info@lawpress.com.cn
举报盗版邮箱：jbwq@lawpress.com.cn
销售电话：010 - 83938349
客服电话：010 - 83938350
咨询电话：010 - 63939796

书号：ISBN 978 - 7 - 5244 - 0588 - 7　**定价**：10.00 元

凡购买本社图书，如有印装错误，我社负责退换。电话：010 - 83938349

前　言

开展规范涉企行政执法专项行动是以习近平同志为核心的党中央作出的重大决策部署，是优化法治化营商环境、解决企业和群众急难愁盼的重要举措，对于营造更加公平有序的市场环境、稳定社会预期、提振发展信心、激发经济发展活力、纵深推进全国统一大市场建设都具有重要意义。

根据相关文件要求，司法部作为国务院行政执法监督机构，统筹组织政府系统规范涉企行政执法专项行动。2025 年 3 月以来，按照“省负总责、市县主抓，司法行政部门统筹、业务主管部门协同”的原则，规范涉企行政执法专项行动在全国范围内全面推开。这次专项行动目标明确，聚焦企业反映强烈的突出问题，精准监督，动真碰硬，集中纠治，促进行政执法机关、执法人员依法履职，该严则严，当宽则宽，全面推进严格规范公正文明执法。

为持续纵深推进专项行动，针对基层在开展规范涉企行政执法专项行动中遇到的问题，司法部行政执法协调监督局组织编写本书，为广大行政执法人员和行政执法监督人员在开展具体工作时答疑解惑，确保专项行动不走偏、不变形，取得让企业可感、群众满意、社会认可的效果。

目　录

一、总体要求

1. 本次专项行动重点纠治哪些问题？

答：本次专项行动，紧盯重点问题、重点领域、重点地区，聚焦纠治四类突出问题：一是乱收费、乱罚款、乱检查、乱查封问题；二是违规异地执法和趋利性执法行为；三是执法标准不一致、要求不统一，加重企业负担的行为；四是滥用职权、徇私枉法、该罚不罚、“吃拿卡要”、粗暴执法等违反执法规范要求的行为。这些问题涉及面广、危害性大，企业反映最强烈和集中。

2. 如何理解“涉企”？

答：根据《中华人民共和国民法典》第76条、第78条、第87条等的规定，企业包括有限责任公司、股份有限公司、个人独资企业和其他企业等；不包括事业单位、社会团体、基金会、社会服务机构等。

3. 在本次专项行动中，如何发挥行政执法监督功能作用，以推进专项行动取得实效？

答：行政执法监督是党和国家监督体系的重要组成部分，是各级党委和人民政府统筹行政执法工作的基本方式。与其他监督方式相比，行政执法监督属于行政机关内部层级监督制度，是上级行政机关对下级行政机关行政执法依职权主动开展的监督。

司法行政部门作为各级政府行政执法监督机构，代表本级政府统筹组织政府系统的规范涉企行政执法专项行动。一方面，要充分发挥行政执法监督职能，用好监督手段，加强对执法突出问题的监督，提高行政执法监督的精准性、有效性，有效纠治群众和企业反映强烈的突出问题；另一方面，要充分发挥行政执法监督制度具有的对行政执法的规范、指导、协调作用，全面提升执法的法治化水平。

4. 规范涉企行政执法专项行动与群众身边不正之风和腐败问题集中整治工作的关系是什么？

答：规范涉企行政执法专项行动的工作重点是纠治企业和群众反映强烈的涉企执法突出问题，这些问题同时也是中央纪委国家监委“群腐”集中整治工作的重点内容。这两项重要工作既密切相关，又各有侧重。在专项行动推进过程中，要做好与同级纪检监察部门的工作衔接，建立工作协同机制，畅通问题线索移交渠道，形成工作合力。

二、乱收费

1. 乱收费主要包括哪些情形?

答:乱收费主要包括:违规设立收费项目;未按规定范围、对象、标准收费;未执行取消、停征、免征、减征等降费政策;利用行政职能、垄断地位指定服务、强制服务等手段收取中介服务费用或者只收费不服务;违规将政府职责范围内的事项交由事业单位或中介组织承担并收取费用等。

2. 如何判断行政机关有没有乱收费?

答:涉企收费目录清单之外一律不得收费。根据《国务院办公厅关于建立健全涉企收费长效监管机制的指导意见》,行政事业性收费、政府性基金、国务院部门涉企保证金、政府定价的经营服务性收费实行目录清单管理，由国家发展和改革委员会、工业和信息化部、财政部按照职责分工制定收费目录清单并向社会公开。行业主管部门要制定本部门及下属单位综合性涉企收费目录清单，涵盖行政事业性收费、政府性基金、涉企保证金、经营服务性收费等收费项目，明确服务内容、服务标准、收费水平，实现每个部门涉企收费一张目录清单全覆盖。各省级人民政府要健全本地区涉企收费目录清单制度。各地区、各有关部门要及时更新发布收费目录清单。

3. 什么是行政事业性收费？

答：行政事业性收费是指国家机关、事业单位、代行政府职能的社会团体及其他组织，根据法律、行政法规、地方性法规等有关规定，依照国务院规定程序获得批准，在提供特定服务的过程中，按照成本补偿和非营利原则向特定服务对象收取的费用。

三、乱罚款

1. 乱罚款主要包括哪些情形？

答：乱罚款主要包括：无处罚依据擅自设定罚款项目；不具备行政执法资格的单位或者个人实施罚款；未按规定程序实施罚款；不执行国务院已取消罚款事项的决定；随意给予顶格罚款或者高额罚款；随

意降低违法行为认定门槛或者扩大违法行为范围实施罚款；对已超过法定追责期限的违法行为实施罚款；以罚代管，只罚款不纠正违法行为等。

2. 如何规范以罚增收、以罚代管、逐利罚款等不当罚款行为？

答：一是不得随意给予顶格罚款或者高额罚款，不得随意降低对违法行为的认定门槛，不得随意扩大违法行为的范围；严禁逐利罚款，严禁对已超过法定追责期限的违法行为给予罚款。二是对违法行为的事实、性质、情节以及社会危害程度基本相似的案件,要确保罚款裁量尺度符合法定要求。三是深入开展源头治理,推动从个案办理到类案管理,再到系统治理。四是对设定或者实施罚款中的典型违法问题予以及时通报和点名曝光。

3. 是否可以直接引用《中华人民共和国行政处罚法》作出不予罚款等行政处罚的决定？

答：可以。根据《国务院关于进一步规范和监督罚款设定与实施的指导意见》，行政机关实施罚款等处罚时，要统筹考虑法律规范与《中华人民共和国行政处罚法》的适用关系，符合《中华人民共和国行政处罚法》第 32 条规定的从轻、减轻处罚或者第 33 条规定的不予、免予处罚情形的，要适用《中华人民共和国行政处罚法》依法作出相应处理。

4. 是否可以只罚款而不纠正违法行为？

答：行政机关实施处罚时应当责令当事人改正或者限期改正违法行为，不得只罚款而不纠正违法行为。

5. 关于“罚缴分离”是怎么规定的?

答:除依法可以当场收缴的罚款外,作出罚款决定的执法机关应当与收缴罚款的机构相分离。执法机关取得的罚没收入,除当场收缴的罚款和财政部另有规定外,应当在取得之日缴入财政专户或者国库;执法人员依法当场收缴罚款的,执法机关应当自收到款项之日起2个工作日内缴入财政专户或者国库。

行政机关要将应当上缴的罚款收入，按照规定缴入国库，任何部门、单位和个人不得截留、私分、占用、挪用或者拖欠。严肃查处罚款收入不真实、违规处置罚款收入等问题。财政部门要加强对罚缴分离、收支两条线、罚款收入异常变化等情况的监督，会同有关部门按照规定开展专项监督检查。

四、乱检查

1. 乱检查主要包括哪些情形？

答：乱检查主要包括：检查主体无权限，不具备行政执法主体资格实施检查；检查人员无权限，未取得执法证件却实施检查；检查随意任性，无法定依据或未按照公布的事项、标准及规定程序实施检查；擅自部署专项检查,或应联合部署专项检查的,单独部署;检查频次高,超过行政检查年度频次上限;重复检查、多头检查、运动式检查、以观摩等各种名义变相检查;违反涉企行政检查"五个严禁""八个不得"等情形。

2. 如何理解"行政检查"?

答:《国务院办公厅关于严格规范涉企行政检查的意见》规定的行政检查是指,行政执法主体为履行行政管理职责，对企业遵守法律、法规、规章和执行有关行政决定、命令的情况进行巡查、核验的活动，是行政许可、行政处罚、行政强制、行政备案、行政征收征用、行政给付等行政行为的过程性行为，对行政机关了解法律制度实施情况、有效实施行政管理具有重要作用。

《国务院办公厅关于严格规范涉企行政检查的意见》规定了日常检查、个案检查和专项检查。日常检查是指行政执法主体依据法律规范的要求，对不特定检查对象或者不特定事项实施的检查。个案检查是指根据投诉举报、转办交办、数据监测、企业申请等实施的检查，实际是有线索可查的检查。专项检查是指针对某一地区、领域的突出问题，履行批准、备案、公布程序，部署本地区或者本系统行政执法主体实施的检查。行政执法主体基于隶属关系对所属企业进行的督促检查，以及基于国有资产监督管理关系对所监管企业进行的督促检查，不是行政检查。

3. 行政检查的法定依据包括哪些法律规范？

答：《国务院办公厅关于严格规范涉企行政检查的意见》提到的“法定依据”针对的是设定依据，限于法律、法规、规章以及国务院决定、命令，且只能在各自的立法权限内设定行政检查。行政规范性文件不得设定行政检查。

4. 什么是“综合查一次”？

答：“综合查一次”的实质是联合检查，核心是减少现场检查频次，即跨部门、跨领域、跨层级等多个行政执法主体，在同一时间对同一检查对象进行的联合检查。同时，要精简现场检查人员，避免因部门过多或者检查人员过多增加检查对象不合理的负担。《优化营商环境条例》第54条规定，“针对同一检查对象的多个检查事项，应当尽可能合并或者纳入跨部门联合抽查范围”。同一行政执法主体内部不同内设机构实施检查的,要根据《国务院办公厅关于严格规范涉企行政检查的意见》,能合并的合并,尽量减少检查频次。

5. 如何建立分级分类检查制度?

答:根据《国务院办公厅关于严格规范涉企行政检查的意见》,分级分类检查的宗旨是推行精准检查,提升检查效能,减轻企业负担。

结合现行法律规定以及行政执法实践,分级分类包括但不限于各层级行政执法主体、不同行业领域的生产经营特点和违法风险程度、不同地区的经济社会发展水平、不同企业的规模和守法依规情况等。

6. 什么是行政检查标准?

答:行政检查标准是指行政机关在对企业进行检查时所遵循的规范性要求和具体操作准则,包括裁量基准、技术标准、检查要点、工作指引、操作指南、是否合法依规的具体要求等。同时,也是企业合法依规的指南,目的是保证行政执法人员、企业甚至社会公众,都能据此明确是否违法以及相应法律后果,无须再补充其他解释、说明等。

7. 对乱检查严肃责任追究有什么要求?

答:各级行政执法监督机关对不具备行政执法主体资格实施检查、未按照公布的行政检查事项和标准实施检查、未按照规定程序实施检查、擅自部署专项检查、超过行政检查年度频次上限实施检查，以及违反“五个严禁”“八个不得”要求乱检查的，要发现一起查处一起，及时责令改正；对行政执法主体负责人或者相关责任人，进行公开约谈；对企业反映强烈、社会影响恶劣的，直接督办并予通报曝光；对涉嫌违纪或者职务违法犯罪的，依法移送纪检监察机关。

五、乱查封

1. 乱查封主要包括哪些情形？

答：乱查封主要包括：委托实施查封；无行政执法资格的人员实施查封；对与违法行为无关的场所、设施、财物实施查封；查封公民个人及其所扶养家属的生活必需品；重复查封已被其他国家机关依法查封的场所、设施或者财物；违反法定程序实施查封；超过法定期限查封；未妥善保管或使用、损毁查封的场所、设施或者财物；具备解除查封情形仍不作出解除查封决定等。

2. 哪些行政机关有权查封、扣押？

答：查封、扣押应当由法律、法规规定的行政机关实施，其他任何行政机关或者组织不得实施。

3. 行政机关实施查封、扣押的范围是什么？

答：查封、扣押限于涉案的场所、设施或者财物，严格区分违法所得、其他涉案财物与合法财产，企业财产与企业经营者个人财产。不得查封、扣押与违法行为无关的场所、设施或者财物；不得查封、扣押公民个人及其所扶养家属的生活必需品。当事人的场所、设施或者财物已被其他国家机关依法查封的，不得重复查封。不得超权限、超范围、超数额、超时限查封、扣押财物。

4. 行政机关实施查封、扣押的具体期限是多久？

答：查封、扣押的期限不得超过30日；情况复杂的，经行政机关负责人批准，可以延长，但是延长期限不得超过30日。法律、行政法规另有规定的除外。对物品需要进行检测、检验、检疫或者技术鉴定的，查封、扣押的期间不包括检测、检验、检疫或者技术鉴定的期间。检测、检验、检疫或者技术鉴定的期间应当明确，并书面告知当事人。

5. 在什么情形下，行政机关要及时作出解除查封、扣押决定？

答：行政机关要及时作出解除查封、扣押决定的情形主要包括：当事人没有违法行为；查封、扣押的场所、设施或者财物与违法行为无关；行政机关对违法行为已经作出处理决定，不再需要查封、扣押；查封、扣押期限已经届满等。

解除查封、扣押后应当立即退还财物；已将鲜活物品或者其他不易保管的财物拍卖或者变卖的，退还拍卖或者变卖所得款项。变卖价格明显低于市场价格，给当事人造成损失的，应当给予补偿。

六、违规异地执法和趋利性执法

1.违规异地执法主要包括哪些情形？

答：违规异地执法主要包括：未履行协作手续或在管辖争议解决前，擅自跨区域开展行政执法活动；在异地执法中超越权限或者违反法定程序对企业财产采取强制措施；采取“钓鱼”执法等手段将外地案件纳入自身管辖范围等。

2. 趋利性执法主要包括哪些情形？

答：趋利性执法主要包括：行政执法机关利益与罚没收入挂钩；考核考评结果与罚没收入挂钩；直接或者变相下达罚没收入指标；违规违法争抢有罚没收入的案件管辖权；为增加罚没收入脱离实际监管需要随意设置电子技术监控设备等。

3. 与遏制趋利性执法相关的法律及政策规定有哪些？

答：这些法律及政策主要包括：《中华人民共和国预算法》《中华人民共和国预算法实施条例》《中华人民共和国行政处罚法》《中华人民共和国行政许可法》《中华人民共和国行政强制法》《财政违法行为处罚处分条例》《违反行政事业性收费和罚没收入收支两条线管理规定行政处分暂行规定》《罚款决

定与罚款收缴分离实施办法》《国务院关于进一步规范和监督罚款设定与实施的指导意见》《全国统一大市场建设指引(试行)》《罚没财物管理办法》《公安机关禁止逐利性执法“七项规定”》等。

4. 关于行政处罚的地域管辖及执法协助是如何规定的?

答:行政处罚由违法行为发生地的行政机关管辖。法律、行政法规、部门规章另有规定的,从其规定。行政机关因实施行政处罚的需要,可以向有关机关提出协助请求。协助事项属于被请求机关职权范围内的,应当依法予以协助。《国务院办公厅关于严格规范涉企行政检查的意见》规定:“涉企行政检查以属地管辖为原则,国务院有关主管部门要在2025年12月底前建立健全行政检查异地协助机制,明确相关规则,严禁违规实施异地检查。”

七、执法标准不一致、要求不统一，加重企业负担

1. 如何理解执法标准不一致、要求不统一，加重企业负担的行为?

答:主要是指同一行政执法部门的不同执法人员，对同一执法事项的标准不一致、要求不统一，或者

不同行政执法部门对同一企业的执法标准或要求相互冲突，导致企业无所适从；行政执法部门制定实施规范变相增加条件、设置门槛；行政裁量权基准幅度不合理，裁量的标准、条件、种类、幅度、方式、时限等不统一，导致行政执法该严不严、该宽不宽、畸轻畸重等，以及其他没有法定依据擅自减损企业权益、增加企业义务的行为。

2. 确保过罚相当具体需要考虑哪些因素？

答：一是细化“过”与“罚”的考量因素，要求统筹考虑当事人的主观过错、获利情况。同时，考虑经济社会发展水平、行业特点、地方实际、对相似违法行为罚款规定等因素，区分情况、分类处理，细化合理设定罚款的考量因素，该宽则宽、当严则严。

二是明确单行法和行政处罚法

的适用关系。行政机关实施罚款等处罚时，如果单独适用单行法进行处罚难以体现过罚相当原则，但符合《中华人民共和国行政处罚法》规定的从轻、减轻、不予、免予处罚等情形的，要适用《中华人民共和国行政处罚法》。

三是通过制定清单和发布典型案例加强执法指引。鼓励行政机关制定不予、可以不予、减轻、从轻、从重罚款等处罚清单，依据《中华人民共和国行政处罚法》、相关法律规范定期梳理、发布典型案例，加强指导、培训。

3. 如果在个案中发现适用行政裁量权基准会导致明显不当，该如何处理？

答：一是适用本行政机关制定的行政裁量权基准可能出现明显不当、显失公平，或者行政裁量权基准适用的客观情况发生变化的，经本行政机关主要负责人批准或者集体讨论通过后可以调整适用，批准材料或者集体讨论记录应作为执法案卷的一部分归档保存。二是适用上级行政机关制定的行政裁量权基准可能出现明显不当、显失公平，或者行政裁量权基准适用的客观情况发生变化的，报请该基准制定机关批准后，可以调整适用。对调整适用的行政裁量权基准，制定机关应及时修改。

4. 能否在法定处罚种类以外或者幅度以下减轻行政处罚？

答：能。可以在法定处罚种类以外或者幅度以下减轻行政处罚的情形主要包括：主动消除或者减轻违法行为危害后果的；受他人胁迫或者诱骗实施违法行为的；主动供述行政机关尚未掌握的违法行为的；配合行政机关查处违法行为有立功表现的；法律、法规、规章规定其他应当从轻或者减轻行政处罚的。但是，在适用时要严格进行评估，明确具体情节、适用条件和处罚标准，避免滥用行政裁量权。

5. 行政执法决定书中能否直接引用行政裁量权基准?

答:能。行政机关在作出行政执法决定前,要告知行政相对人有关行政执法行为的依据、内容、事实、理由;有行政裁量权基准的,要在行政执法决定书中对行政裁量权基准的适用情况予以明确。

6. 如何才能使行政处罚裁量适当？

答：对同一种违法行为，法律、法规、规章规定可以选择处罚种类、幅度，或者法律、法规、规章对不予处罚、免予处罚、从轻处罚、减轻处罚、从重处罚的条件只有原则性规定的，根据违法行为的事实、性质、情节以及社会危害程度细化量化行政处罚裁量权基准，防止过罚不相适应、重责轻罚、轻责重罚。

八、其他违反执法规范要求的行为

1. 在专项行动中，违反执法规范要求的行为主要包括哪些情形？

答：滥用职权、徇私枉法、该罚不罚、“吃拿卡要”、粗暴执法等违反执法规范要求等行为，皆属于规范涉企行政执法专项行动重点纠治的问题。

2. 涉企行政检查“五个严禁”“八个不得”是哪些内容？

答：严禁逐利检查，不得接受被检查企业的任何馈赠、报酬、福利待遇，不得参加被检查企业提供的宴请、娱乐、旅游等活动，不得由被检查企业支付消费开支或者将检查费用转嫁给企业，不得强制企业接受指定的中介机构提供服务。严禁干扰企业正常生产经营，不得刻意要求法定代表人到场。严禁任性处罚企业,不得乱查封、乱扣押、乱冻结、动辄责令停产停业。严禁下达检查指标,不得将考核考评、预算项目绩效与检查频次、罚款数额挂钩。严禁变相检查,不得以观摩、督导、考察等名义行检查之实。

3. 执法不作为主要包括哪些情形?

答:执法不作为主要包括:该立案的不立案;办理案件超出法定期限;对执法中发现的问题不及时解

决，推诿扯皮、拖延处理；对企业依法申请的事项和反映的问题视而不见、压案不查，以及其他不履行或者怠于履行法定职责等。

4. 规范非现场执法有哪些新要求？

答：一是县级以上地方政府有关部门、乡镇人民政府（街道办事处）要完成执法类电子技术监控设备清理、规范工作。二是建立监控设备新增情况年度报告制度。三是严格执法类电子技术监控设备的法制审核和技术审核。四是严格执法监督,违法违规设置或者滥用监控设备的立即停用,限期核查评估整改。